I0821102

# El primer trago de cerveza
# y otros pequeños placeres de la vida

Autoayuda

**Philippe Delerm**

# El primer trago de cerveza y otros pequeños placeres de la vida

Traducción de Javier Albiñana

Obra editada en colaboración con Editorial Planeta – España

Título original: *La première gorgée de bière et autres plaisirs minuscules*



Diseño de portada: Planeta Arte & Diseño / David López
Fotografía de portada: iStock


Bajo el sello editorial BOOKET M.R.
Avenida Presidente Masarik núm. 111,
Piso 2, Polanco V Sección, Miguel Hidalgo
C.P. 11560, Ciudad de México
www.planetadelibros.com.mx

Primera edición impresa en España en Colección Booket: mayo de 2015
ISBN: 978-84-9066-083-6

Primera edición impresa en México en Booket: febrero de 2025
ISBN: 978-607-39-2202-9



Impreso en Operadora Quitresa S.A. de C.V.
Goma 167, Granjas Mexico, Iztacalco,
Ciudad de México, C.P. 08400
Impreso en México - *Printed in Mexico*

## Biografía

Philippe Delerm nació en 1950 en Auvers-sur-Oise (Francia). Ha ejercido como profesor de Literatura en una escuela de Beaumont-le-Roger y ha sido colaborador del diario deportivo *L'Équipe*. Fiel a su filosofía de vida, Delerm, pese al éxito de sus obras y los numerosos premios recibidos, vive ajeno a toda la aureola pública que a veces conlleva el mundo literario. En 1998, Tusquets Editores publicó *El primer trago de cerveza y otros pequeños placeres de la vida*, el libro que dio a conocer a Delerm en España y que recibió el aplauso de los lectores, admirados por la capacidad del autor para transmitir el disfrute de los momentos, en apariencia insignificantes, que condimentan la rutina diaria. A esta obra le siguieron las novelas *Llovió todo el domingo*, *La quinta estación* y *El pórtico*, y el volumen de relatos breves *La siesta asesinada*.

# Índice

# El primer trago de cerveza
## y otros pequeños placeres de la vida

# Una navaja en el bolsillo

Está claro que ni es un cuchillo de cocina, ni un quitapenas de golfo. Pero tampoco una navajita. Pongamos que un Opinel del 6, o un Laguiole. Una navaja que perfectamente hubiera podido ser la de un hipotético y cabal abuelo, que éste se hubiera metido en el pantalón de pana de canalillo ancho color chocolate. Una navaja que el abuelo se hubiera sacado del bolsillo a la hora de la comida, hincando la punta en las rodajas de salchichón, pelando lentamente una manzana, con el puño replegado sobre la hoja. Una navaja que hubiera cerrado con amplio y ceremonioso ademán, tras tomarse el café en un vaso —y eso hubiera significado para los allí presentes que había que volver al trabajo.

Una navaja que para un niño hubiera sido maravillosa: una navaja para confeccionar el arco y las flechas, para tallar la espada de madera, la empuñadura esculpida en la corteza —la navaja que a nuestros padres les parecía demasiado peligrosa cuando éramos críos.

Pero, una navaja ¿para qué? Porque ni estamos en los tiempos de ese abuelo, ni somos ya niños. Una navaja virtual, entonces, con esta irrisoria coartada:

—Pues claro, si puede servir para la tira de cosas, para un paseo, una excursión al campo, hasta para hacer un apaño cuando no tienes a mano otra herramienta...

No servirá, y nos consta. El placer que le vemos no es ése. Se trata de un placer pura y absolutamente egoísta: un hermoso objeto inútil de cálida madera o de liso nácar, con ese signo cabalístico en la hoja que marca la impronta de los auténticos iniciados: una mano con corona, un paraguas, un ruiseñor, la abeja en el mango. Sí, el esnobismo resulta atractivo cuando va ligado a ese símbolo de la vida sencilla. En la época del fax, es un lujo rústico. Un objeto totalmente personal, que abulta inútilmente el bolsillo, y que sacamos de cuando en cuando, nunca para utilizarlo, sino para tocarlo, mirarlo, por la bobalicona satisfacción de abrirlo y cerrarlo. En ese presente gratuito duerme el pasado. A los pocos segundos nos sentimos a un tiempo el bucólico abuelo de blancos mostachos y el niño que juega junto al agua en medio de un olor a saúco. Con sólo abrir y cerrar la hoja, no somos ya de mediana edad sino que tenemos dos edades a la vez: en eso radica el secreto de la navaja.

# El paquete de pasteles del domingo por la mañana

Pasteles variados, por supuesto. Una lionesa de café, una caña de nata, dos tartas de fresa, un milhojas. Aparte de una o dos personas, sabemos ya a quién va destinado cada uno, pero ¿cuál será el extra-para-los-golosos? Desgranamos los nombres sin prisa. Al otro lado del mostrador, la dependienta, pinza en mano, se inclina sumisa hacia vuestros deseos; ni siquiera muestra impaciencia cuando se ve obligada a cambiar de bandeja porque no cabe el milhojas. Ese cartón plano, cuadrado, de cantos redondos, ligeramente peraltados, tiene su importancia. Constituirá el sólido zócalo de un frágil edificio de precario destino.

—¡Nada más!

Entonces la dependienta sepulta la bandeja en una pirámide de papel rosa, que anuda prestamente con una cinta oscura. Durante el intercambio de monedas, sostenemos el paquete por abajo, pero, no bien cruzamos la puerta de la tienda, lo agarramos por el cordel y lo mantenemos levemente apartado del cuerpo. Así es, ni más ni menos. Los pasteles del domingo hay que llevarlos como quien sostiene un péndulo. Cual brujos de minúsculos ritos, avanzamos sin arrogancia ni falsa modestia. ¿Que es ridícula esa suerte de compunción, de seriedad de rey mago? Por supuesto que no. Si se respira en las aceras dominicales ese ambientillo de paseo, algo tiene que ver la pirámide suspendida —tanto como unos tallos de puerro sobresaliendo aquí y allá de una cesta.

El paquete de pasteles en la mano nos da una pinta de profesor Tornasol, la que cumple para saludar la efervescencia de después de la misa y la agitación de los bares donde expenden boletos de apuestas hípicas, con sus efluvios de café y de tabaco. Sencillos domingos familiares, sencillos domingos de antaño, sencillos domingos de hogaño, el tiempo se balancea cual custodia prendido de un cordel oscuro. Una gota de crema pastelera ha dejado una mancha en la lionesa de café.

# Ayudar a mondar guisantes

Ocurre casi siempre a esa hora muerta de la mañana en que el tiempo no apunta ya a nada concreto. Olvidados los tazones y las migas del desayuno, lejos aún los perfumados borboteos de la comida, la cocina es puro sosiego, casi una abstracción. Sobre el hule, un simple trozo de periódico, un montón de guisantes con su vaina, una ensaladera.

Nunca llegamos al inicio de la operación. Cruzábamos la cocina para ir al jardín, a ver si había pasado el cartero...

—¿Puedo ayudarte?

Naturalmente que sí. Podemos ayudar. Podemos sentarnos ante la mesa familiar y adoptar de inmediato ese ritmo indolente, relajante, que parece dictado por un metrónomo interior. Es fácil desgranar guisantes. Una presión con el pulgar en la vaina y ésta se abre, dócil, entregada. Algunas, menos maduras, se muestran más reticentes: una incisión con la uña del dedo índice permite entonces desgarrar lo verde y notar la humedad y la carne densa, apenas debajo de la piel falsamente apergaminada. Acto seguido, se hacen resbalar las bolas con un solo dedo. La última es tan minúscula... A veces, dan ganas de hincarle el diente. No es buena, es un poco amarga, pero fresca como la cocina de las once, cocina del agua fría, de las hortalizas mondadas... Muy cerca, junto al fregadero, brillan sobre un trapo unas zanahorias desnudas, acabando de escurrirse.

Entonces hablamos poquito a poco, y la música de las palabras también parece venir del interior, apacible, familiar. De cuando en cuando, alzamos la cabeza para mirar al otro; pero el otro se ve obligado a mantener la cabeza gacha; tal es el código. Hablamos de trabajo, de proyectos, de fatiga, no de psicología. La operación de desgranar guisantes no se presta a explicaciones, sino a ir siguiendo el proceso con cierta morosidad. Podría no costar más de cinco minutos, pero nos resulta muy grato prolongar, dilatar la mañana, vaina tras vaina, arremangados. Acariciamos las bolas peladas que colman la ensaladera. Son suaves al tacto; todas esas redondeces contiguas forman como un agua de tierna tonalidad verde, y nos sorprende no mojarnos las manos. Tras un largo silencio de claro bienestar, alguien dice:

—Sólo falta ir a buscar el pan.

# Tomar un oporto

De entrada, ya suena a hipócrita:

—¡Si acaso, una copita de oporto!

Lo decimos con una ínfima reticencia, una afabilidad restrictiva. Por supuesto, no somos los típicos aguafiestas que se cierran en banda a toda liberalidad aperitiva. Pero el «si acaso, una copita de oporto» tiene más de concesión que de entusiasmo. Está bien, nos apuntamos, pero, despacito, *mezza voce,* a furtivos sorbitos.

Un oporto no se bebe, se paladea. Y eso no sólo por su aterciopelado espesor, sino también por fingida frugalidad. Mientras los demás se solazan con el triunfal y helado amargor del whisky y el Martini con ginebra, nosotros nos inclinamos por la tibieza de la Francia ancestral, el afrutado de huerto de cura, el dulzor caduco —lo justo para teñir de rosa las mejillas de una jovencita.

Las tres «oes» de oporto se deslizan voluptuosas en el fondo de la botella negra. El oporto rueda al fondo de un golfo oscuro, con altivo porte de gentilhombre. Nobleza clerical, austera, aunque con dorados galones. Pero en la copa tan sólo queda la idea de lo negro. Más granate que rubí, es una suave lava donde flotan episodios navajeros, soles de venganza y amenazas de convento bajo el filo del puñal. Toda esa violencia, sí, pero mitigada por el ceremonial de la copita, por la mesura de los tímidos sorbos. Sol cocido, estallidos amortiguados. Perverso sabor a fruto mate en el que se han ahogado los desbordamientos, los fulgores. A cada trago, dejamos que el oporto ascienda hacia una cálida fuente. Es un placer a la inversa, que alcanza su plenitud a destiempo, cuando la sobriedad se torna solapada. A cada lengüetazo en rojo y negro, sube con más fuerza el grávido terciopelo. Cada sorbo es una mentira.

# El olor de las manzanas

Entramos en el sótano y de inmediato se apodera de nosotros. Ahí están las manzanas, dispuestas en tarimas –banastas invertidas. Ni se nos había ocurrido. No teníamos la menor gana de dejar que irrumpiera semejante oleada en nuestra alma. Pero no hay nada que hacer. El olor de las manzanas actúa como un desencadenante. ¿Cómo habíamos podido privarnos durante tanto tiempo de esa infancia acre y azucarada?

Las frutas avellanadas estarán deliciosas, con esa aparente sequedad cuyo confitado sabor parece haberse insinuado en cada arruga. Pero no nos apetece comerlas. Ante todo, no hay que transformar en gusto identificable ese poder flotante del olor. ¿Decir que huelen bien, que huelen intensamente? Qué va. Es más que eso... Un olor interior, el olor de un sí mismo mejor. Encierra en él el otoño del colegio. Con tinta violeta garrapateamos en el papel con trazos gruesos y perfiles. Bate la lluvia en los cristales; la tarde será larga...

Pero la fragancia de las manzanas es más que pasado. Lo que nos induce a pensar en otro tiempo es su amplitud e intensidad, una remembranza de sótano salitroso, de desván oscuro. Eso sí, hay que vivirlo allí, hay que aguantar allí, de pie. Tenemos detrás las hierbas altas y la humedad del huerto. Delante, corre como una especie de hálito cálido que se da en la penumbra. El olor ha impregnado las zonas oscuras, las rojas, con un asomo de acidez verde. El olor ha destilado la suavidad de la piel, su ínfima rugosidad. Por más que tengamos los labios secos, sabemos ya que esa sed no puede colmarse. Nada ganaríamos mordiendo una carne blanca. Para eso tendríamos que tornarnos octubre, tierra batida, bóveda de sótano, lluvia, espera. Es doloroso el olor de las manzanas. Es el de una vida más intensa, de una lentitud que ya no merecemos.

## El croissant de la acera

Nos hemos despertado los primeros. Con prudencia de centinela indio nos hemos vestido y nos hemos deslizado de habitación en habitación. Hemos abierto y cerrado la puerta de entrada con meticulosidad de relojero. Ya está. Estamos fuera, en el azul de la mañana orlado de rosa: un maridaje de mal gusto si no estuviera el frío para purificarlo todo. Cada vez que espiramos expulsamos una nube de humo: existimos, libres y ligeros en la acera matutina. Mejor que quede un poco lejos la panadería. Cual un Kerouac con las manos en los bolsillos, nos hemos adelantado a todo: cada paso es una fiesta. Nos sorprendemos caminando por el borde de la acera como hacíamos de críos, como si lo que importara fuera el margen, el borde de las cosas. Es tiempo puro ese garbeo que le escamoteamos al día mientras todos los demás duermen.

Casi todos. Allá necesitamos, por supuesto, la cálida luz de la panadería; en realidad, es un neón, pero la idea de calor le confiere un reflejo ambarino. Necesitamos asimismo el vaho imprescindible en el cristal cuando nos acercamos, y el jovial saludo que la panadera reserva exclusivamente para los primeros clientes: complicidad del alba.

—¡Cinco croissants y una baguette no muy tostada!

Aparece el panadero en el fondo de la tienda, embutido en una camiseta tiznada de harina, y nos saluda como se saluda a los valientes a la hora del combate.

Salimos a la calle. Somos conscientes de que el camino de regreso no será el mismo. La acera se nos antoja menos despejada; la baguette que llevamos bajo el codo y el paquete de croissants que sostenemos en la otra mano le dan un toque un tanto pedestre. Pero cogemos un croissant de la bolsa. La pasta está tibia, casi blanda. Esa pequeña golosina en medio del frío, mientras caminamos: como si la mañana de invierno se transformara por dentro en croissant, como si nosotros mismos nos convirtiéramos en horno, en casa, en refugio. Caminamos más despacio; todo se impregna de una luz dorada que atraviesa el azul, el gris, el rosa que se apaga. Comienza el día, y lo mejor ya ha pasado.

## El ruido de la dinamo

Ese leve roce que frena y frota ronroneando la rueda. ¡Hacía tanto tiempo que no iba uno en bicicleta entre dos luces! Ha pasado un coche tocando la bocina, y entonces recobra uno el viejo gesto: inclinarse hacia atrás, con la mano izquierda colgando, y darle al pulsador —manteniéndose a distancia prudencial de los radios, por supuesto. Placer de provocar el dócil asentimiento de la botellita de leche que se inclina contra la rueda. El delgado foco amarillo del faro hace que de pronto la noche se torne azul. Pero lo importante es la música. Da la impresión de que el pequeño frr-frr tranquilizador no haya dejado nunca de sonar. Creamos nuestra propia central eléctrica con nuestros redondos pedaleos. No es el roce de un guardabarros que se desplaza. No, la adhesión de la goma del neumático al corcho estriado de la dinamo suscita más la sensación de una placentera modorra que la de una traba. La campiña circundante se adormece con esa vibración regular.

Vuelven entonces a la memoria las mañanas de la infancia, el camino de la escuela con el recuerdo de los dedos helados. Las noches estivales en que iba uno a buscar la leche a la granja vecina —a modo de contrapunto, el bamboleo de la lechera de metal cuya cadenita bailaba. Los amaneceres en que salía uno de pesca, dejando tras de sí una casa dormida, y el entrechocar de las cimbreantes cañas de bambú. La dinamo abre siempre el camino de una libertad que se degusta en lo casi gris, lo no del todo malva. Está concebido para pedalear suavecito, con discreción, atentos al desarrollo del mecanismo neumático. Sobre fondo de dinamo, se desplaza uno regularmente, con la cadencia de un motor de viento que hace remolinear como si tal cosa ciertas rutas de la memoria.

# Los vahos

¡Ah, esas gratas enfermedades de la infancia que permiten pasar unos días de convalecencia leyendo tebeos de Bugs Bunny! Por desgracia, conforme se envejece, cada vez son más escasos los placeres de la enfermedad. Está el grog, por supuesto. Tomar un buen grog bien cargadito mientras deja uno que le compadezcan es un momento precioso. Pero tal vez más sutil aún sea el placer de los vahos.

Al principio cuesta decidirse. De lejos, los vahos se nos antojan amargos, vagamente venenosos. Los relacionamos con los gargarismos, que dejan en la boca un sabor insulso y metálico. Pero es que se siente uno tan mal, con la cabeza pesada y cargada. De repente tenemos la sensación de que la pizca de bienestar nos la deparará la cocina. Sí, cerca del fogón, del fregadero, de la nevera, una especie de simplicidad funcional puede aliviarnos. El frasco de Fumigalén está ahí, en la repisa, junto a las bolsitas de tila y de té. En la etiqueta, una figura anticuada aspira con delicia una voluta de humo blanco como la nieve. Eso acaba de decidirnos: la impresión de enlazar con un ritual anticuado.

Ponemos a calentar el agua. En otro tiempo, utilizábamos un inhalador de plástico cuyas dos partes se desencajaban siempre y que dejaba surcos bajo los ojos. Hasta se podía leer, alejando un poco el libro. Pero ahora hemos perdido ese artilugio, y todavía es mejor así. Basta verter agua caliente en un tazón, agregarle una cucharada de ese líquido dorado, traslúcido, que difunde al punto una nube verdosa, color puré de guisantes. Nos cubrimos la cabeza con una toalla. Y ya está. Empieza el viaje, y quedamos sepultados. Vistos desde el exterior, tenemos toda la pinta de un tipo que se cuida sanamente, con una energía mecánica y dócil. Debajo, es otro cantar. Nos invade una especie de reblandecimiento cerebral, y muy pronto nos sumergimos en una vaga humedad. El sudor asciende hasta las sienes. Pero lo más importante se cuece en el interior. Una respiración regular, profunda, cuya aparente finalidad es la liberación de los senos nasales, nos inicia al poder del perverso Fumigalén. Inmóviles, deambulamos deliciosamente con gestos de amplitud anfibia por la pálida jungla del veneno verde suave. El agua sale del humo, el humo sale del agua. Nos dilatamos en la evanescencia, y al punto llega el torpor. Muy cerca, muy lejos, nos llegan de un mundo muy simple preparativos de comida. Pero, sumergidos en el vapor de las fiebres interiores, nos negamos ya a alzar el velo.

# Casi podríamos comer fuera

Lo que importa es el «casi», y también el condicional. Así de entrada, parece una locura. Estamos apenas a principios de marzo, y durante toda la semana hemos tenido lluvia, viento y aguaceros. Y, mira por dónde, todo ha cambiado. Ya desde la mañana, ha salido el sol con una intensidad mate, una fuerza tranquila. La comida está lista, la mesa puesta. Pero incluso dentro ha cambiado todo. La ventana entreabierta, el rumor que llega de fuera, algo ligero que flota en el ambiente.

«Casi podríamos comer fuera.» La frase llega siempre en el mismo instante. En el instante mismo de sentarse a la mesa, cuando parece que es demasiado tarde para convulsionar el tiempo, cuando la ensalada está ya puesta en el mantel. ¿Demasiado tarde? El futuro lo hacemos nosotros mismos. Tal vez la locura nos mueva a abalanzarnos fuera, a pasar febrilmente el trapo por la mesa del jardín, a proponer que la gente se ponga un jersey, a canalizar la ayuda que despliegan los demás con torpe jovialidad, idas y venidas contradictorias. O nos resignaremos a comer bien calentito —las sillas están demasiado mojadas, la hierba está tan alta...

Pero tanto da. Lo que importa es el momento en que se pronuncia la frasecita. Casi podríamos... Qué grata es la vida en condicional, como en los juegos infantiles de antaño: «Diríamos que tú estarías...». Una vida inventada, que funciona a la inversa de la realidad. Una vida casi, con esa frescura al alcance de la mano. Una fantasía modesta, consagrada a la degustación contrapuesta de los ritos domésticos. Un vientecillo de ponderada locura que lo cambia todo sin cambiar nada...

En ocasiones decimos: «Casi hubiéramos podido...». Es la frase triste de los adultos que lo único que han mantenido en equilibrio sobre la caja de Pandora es la nostalgia. Pero hay días en que se apresa el día en el flotante momento de los posibles, en el momento frágil de una honesta vacilación, sin orientar de antemano el astil de la balanza. Hay días en que uno casi podría.

# Ir a coger moras

Es un paseo que se da con viejos amigos, al final del verano. Se acerca la vuelta al trabajo, pocos días después todo volverá a empezar; así que resulta agradable ese último garbeo ya con efluvios de septiembre. No es menester invitarse, ni comer juntos. Basta una llamada, a primera hora de la tarde del domingo.

—¿Os apetece venir a coger moras?

—¡Hombre, precisamente os lo íbamos a proponer!

El sitio es siempre el mismo, a lo largo del camino en la linde del bosque. Las zarzas cada año están más frondosas e impenetrables. Las hojas tienen ese verde mate, profundo; los tallos y espinas, esa tonalidad vinosa que se asemeja a los propios colores del papel vergé con el que se encuadernan libros y cuadernos.

Cada cual va provisto de una caja de plástico especial para que no se chafen las bayas. Todos empiezan a coger sin demasiado frenesí, sin demasiada disciplina. Bastarán dos o tres tarros de confitura, que no tardarán en saborearse en los desayunos de otoño. Pero el máximo placer es el del sorbete. Un sorbete de moras consumido la misma noche, un dulzor helado en el que duerme el último sol relleno de frescor oscuro.

Las moras son pequeñas, de un negro rutilante. Pero mientras se cogen prefiere uno probar las que todavía conservan algún grano rojo, un sabor acidulado. No tardan en manchársenos las manos de negro. Nos las restregamos mal que bien en las hierbas amarillentas. En la linde del bosque, los helechos se tiñen de rojo, y sus curvilíneas sumidades llueven sobre las perlas malvas de los brezos. La conversación discurre sobre cualquier cosa. Los críos se ponen serios, evocan su temor o su deseo de que les toque tal o cual profe. Porque el regreso al trabajo gira en torno a ellos, y el camino de las moras tiene un sabor a escuela. La carretera es suave, apenas ondulada: es una carretera hecha para conversar. Entre dos chaparrones, la luz reavivada se presenta aún cálida. Hemos cogido las moras, y con ellas nos hemos llevado el verano. En la pequeña curva de los avellanos, nos deslizamos hacia el otoño.

# El primer trago de cerveza

Es el único que vale la pena. Los siguientes, cada vez más largos, más anodinos, sólo te dejan una sensación de pastosidad tibia, de abundancia despilfarradora. Tal vez en el último resurge, con la desilusión de terminar, una apariencia de nervio...

¡En cambio, el primer trago! ¿Trago? Empieza mucho antes de la garganta. En los labios aflora ya ese oro burbujeante, frescor amplificado por la espuma, y lentamente en el paladar un placer tamizado de amargor. ¡Qué largo parece el primer trago! Se bebe de un tirón, con avidez falsamente instintiva. En realidad todo está escrito: la cantidad, ese ni poco ni mucho que constituye el único ideal; el bienestar inmediato rematado por un suspiro, un chasquido de lengua, o, tan importante como éstos, un silencio; la engañosa sensación de un goce que se abre al infinito... Al mismo tiempo, somos conscientes de que lo mejor ha pasado. Posamos el vaso, e incluso lo alejamos un poco, formando un bloque con el cuadradito de cartón secante. Saboreamos el color; falsa miel, sol frío. Siguiendo todo un ritual de sabiduría y espera, nos gustaría gobernar el milagro que acaba de producirse y de desvanecerse a un tiempo. En la pared del vaso leemos con satisfacción el nombre concreto de la cerveza que habíamos pedido. Continente y contenido pueden interrogarse, contestarse en un diálogo especular que no tarda en interrumpirse. Nos gustaría conservar el secreto del oro puro, y encerrarlo en fórmulas. Pero ante esa mesita blanca salpicada de sol, el decepcionado alquimista tan sólo salva las apariencias, y bebe cada vez más cerveza disfrutando cada vez menos. Es un placer amargo: bebemos para olvidar el primer trago.

# La autopista de noche

Es extraño el coche: a la vez es como una casita familiar y como una nave espacial. Al alcance de la mano, unos caramelos mentolados de regaliz. Pero en el cuadro de mandos, esos polos fosforescentes de color verde eléctrico, azul frío, naranja pálido. Ni siquiera necesitamos la radio —tal vez la pongamos luego, a medianoche, para escuchar las noticias. Resulta agradable dejarse seducir por ese espacio. Por supuesto, todo parece dócil, todo obedece: el cambio de marchas, el volante, un toque de limpiaparabrisas, una ligera presión en el elevalunas. Pero al mismo tiempo el habitáculo nos maneja, impone su poder. En ese silencio acolchado de soledad, nos sentimos casi como en una butaca de cine: la película desfila ante nosotros y parece lo fundamental, pero la imperceptible levitación del cuerpo produce una sensación de dependencia consentida, que también cuenta lo suyo.

Fuera, en el foco luminoso de los faros, entre el guardarraíl de la derecha y las matas de la izquierda, reina la misma quietud. Pero si abrimos el cristal de repente, el aire exterior abofetea nuestra semisomnolencia: resurge la velocidad brutal. Fuera, los ciento veinte kilómetros por hora tienen la densidad compacta de una bomba de acero arrojada entre dos guardarraíles.

Atravesamos la noche. Los carteles espaciados —Futuroscope, Poitiers-Norte, Poitiers-Sur, próxima salida Marais-poitevin— tienen nombres muy franceses, con un sabor a clase de geografía. Pero es un sabor abstracto, una realidad ciega que anulamos con un viejo resabio de perezosa picardía: esa Francia virtual que abolimos con un pie en el acelerador y un ojo en el cuentakilómetros, es una lección más que no aprenderemos.

Área de servicio a diez kilómetros. Vamos a detenernos. Ya divisamos la chata catedral luminosa en lontananza, y cada vez más ancha, como cuando se va acercando el puerto al final de un trayecto en barco. Super + 98. El viento es fresco. El mecánico asentimiento del boquerel, el ronroneo del contador. Luego la cafetería, un espesor vagamente pringoso, como en todas las estaciones, todos los refugios nocturnos. Café exprés –suplemento por el azúcar. Lo que cuenta es la idea del café, no el sabor. Calor, amargor. Unos pasos con las piernas entumecidas, la mirada vaga, vagas figuras que se cruzan con nosotros, ni una palabra. Y vuelta a la nave, al cascarón en el que nos embutimos. Se nos ha pasado el sueño. Mejor si falta mucho aún para que amanezca.

## En un viejo tren

No va a ser en el AVE. No. Ni en el turbotrén, ni siquiera en un expreso. Sino en uno de esos trenes color caqui que huelen a años sesenta. Se esperaba uno la asepsia funcional de un largo vagón, el pulsador automático de una puerta corredera. Pero no cabe duda, hoy han puesto un viejo tren de otros tiempos en esa línea que solemos tomar. ¿Por qué? Nunca lo sabremos.

Avanzamos por el pasillo. El primer gesto que lo cambia todo es el de abrir la puerta del compartimiento. En medio de una oleada de calor eléctrico y blando, penetramos violentamente en una intimidad más o menos repantingada, más o menos distante: los allí presentes os repasan de arriba abajo. ¡En los vagones monolíticos, ni anonimato ni dios que lo fundó! No saludar, no informarse de la posibilidad de tomar asiento supondría ser tachado de bárbaro. Incluso es preciso mostrar una especie de inquietud atribulada que forma parte del rito. Es la clave para ser aceptado. Una vez impetrado el honor de integrarse en el salón familiar, se nos acepta con un asentimiento que suena a borborigmo.

A partir de ese momento, puede uno hacerse sitio en el asiento que da al pasillo y estirar las piernas. La mirada de cada viajero responde a una pequeña gimnasia instintiva y compleja: pausa posible en el suelo negro forrado de goma, entre los pies de los que se sientan enfrente; pausa prolongada, aceptada hasta encima mismo de las caras. Las posiciones intermedias –con ser las más interesantes– deben efectuarse furtivamente. Pero a nadie vamos a engañar: la intensidad de la mirada contradice entonces el pudor de su recorrido. Una escapada hacia el paisaje parece de buena ley, con parada en los ceniceros emplomados con las siglas de la compañía de ferrocarriles. Pero donde los ojos tornan a posarse gustosos es arriba, junto al espejo claveteado. Sin embargo, pocos deseos de evasión suscita la foto en blanco y negro de Moustiers-Sainte-Marie (Hautes Alpes) con su marquito metálico. Más bien evoca una vida pretérita, apta para usos compartimentales, tentempiés. Casi se respira en ella un olor a salchichón cortado con una navaja, se barrunta el despliegue de la servilleta a cuadros rojos. Nos sumergimos en la época en que el viaje era un acontecimiento, en que nos esperaban en el andén de la estación y os formulaban preguntas protocolarias:

—No, ha ido bien. Un asiento junto al pasillo, una pareja joven, dos militares y un anciano que se apeó en Les Aubrais.

# El Tour de Francia

El Tour de Francia es el verano. El verano que no puede acabar, la canícula de julio. En las casas se cierran las persianas, la vida se torna más lenta, baila el polvo en los rayos de sol. Enclaustrarse en un sitio cerrado cuando el cielo brilla tan azul ya parece discutible. ¡Pero apoltronarse ante un aparato de televisión cuando los bosques están frondosos, cuando el agua promete frescor, luz! Con todo, si es para ver el Tour de Francia, es lícito. Es un rito respetable, que escapa al farniente bestial, a la molicie vegetativa. Además, no miramos el Tour de Francia. Miramos los Tours de Francia. Sí, en cada imagen del pelotón lanzado por las carreteras de Auvernia o de Bigorre, se inscriben en filigrana todos los pelotones del pasado. Bajo las fosforescentes camisetas, vemos todas las antiguas camisetas de lana —la amarilla de Anquetil, sencillamente rubricada con el nombre de la firma comercial Helyett; la azul, blanca y roja de Roger Rivière, con sus mangas tan cortas; el púrpura y amarillo de Raymond Poulidor, Mercier-BP-Hutchinson. A través de las ruedas lenticulares, se adivinan los tubulares cruzados en los hombros de Lapébie o de René Vieto. Se perfila el guijarral solitario de La Forclaz sobre el superpoblado asfalto del Alpe-d'Huez.

Nunca falta alguien que diga:

—¡A mí lo que me gusta del Tour son los paisajes!

De hecho, cruzamos una Francia febril, festiva, cuyos habitantes se desgranan al hilo de las llanuras, de las ciudades y de los puertos de montaña. La ósmosis entre hombres y paisaje se produce en medio de un fervor campechano, en ocasiones desbordado por majaras sobreexcitados. Pero sobre un fondo de Galibier pedregoso, de brumoso Tourmalet, una pizca de procacidad franchuta no hace sino resaltar la dimensión mítica de los héroes.

Las etapas de llano, con ser menos decisivas, se siguen con el mismo interés. El sentimiento que suscita ver pasar el Tour es más concentrado, más compacto, y valora como se merece el despliegue de la caravana publicitaria. Poco importan los vuelcos en la clasificación general. Lo importante es la idea: comulgar durante un instante con toda la Francia del sol y de la siega. En la pantalla del televisor, los veranos se asemejan, y los ataques más enardecidos tienen un regusto a menta con agua.

# Un banana-split

No lo tomamos nunca. Es demasiado monstruoso, casi insulso en su opulencia azucarada. Pero hoy sí. Nos hemos movido demasiado estos últimos tiempos en el refinado camafeo, en la gama de tonos amargos. Hemos llevado nuestra exploración hasta la leve consistencia vaporosa de la isla flotante, hasta la comedida exuberancia estival de la copa de cuatro frutos rojos. Así que, por una vez, no nos saltamos la línea de la carta reservada al banana-split.

—¿Y usted?

—Un banana-split.

No resulta fácil pedir esa montaña de sencillo placer. Por más que el camarero tome nota con deferente objetividad, nos embarga cierto sentimiento de vergüenza. Tiene algo de infantil ese deseo total, no avalado por la menor moral dietética, la menor reticencia estética. Encarna el banana-split una afición a las golosinas provocadora y pueril, el apetito bruto. Cuando os lo traen, los clientes de las mesas vecinas contemplan vuestro plato con expresión guasona. Porque el banana-split se sirve en un plato, o en una amplia barquilla apenas más discreta. En el comedor sólo se ven delgadas copas para cigüeñas, estrechos pasteles cuya intensidad chocolatosa se recoge en un exiguo platito. En cambio, el banana-split se expande: es un placer a ras de tierra. Un vago hacinamiento del plátano sobre las bolas de vainilla y de chocolate no impide el despliegue, exacerbado por una generosa dosis de nata de medio pelo. Miles de personas mueren de hambre en la tierra. En última instancia, este pensamiento es llevadero ante un pastelillo de chocolate amargo. Pero ¿cómo afrontarlo ante el banana-split? Una vez nos lo plantan delante, se nos van un poco las ganas. Menos mal que nos asalta el remordimiento. Él nos permite dar cumplida cuenta de ese languideciente dulzor. Una perversidad salobre acude en ayuda del flaqueante apetito. Al igual que robábamos confituras de la despensa en nuestra temprana infancia, escamoteamos en el mundo adulto un placer indecente, reprobado por el código: hasta la última cucharada, es un pecado.

# Invitado por sorpresa

A decir verdad, no estaba previsto. Teníamos aún trabajo para el día siguiente. Únicamente habíamos pasado para consultar una cosa. Y de pronto:

—¿Te quedas a cenar? Nada, algo sencillo, ya improvisaremos algo.

Esos escasos segundos en que sentimos que nos lo van a ofrecer resultan deliciosos. Es la idea de prolongar un buen momento, desde luego, pero también la de saltarse a la torera el tiempo. El día había sido ya previsible; la noche se anunciaba tan inamovible y programada... Y así, de pronto, en dos segundos, nos zambullimos en la novedad: podemos cambiar el curso de las cosas, de golpe y porrazo. Está cantado que nos dejaremos invitar.

En esos casos, huelgan los cumplidos. No van a recluiros en un sillón del salón para ofreceros un aperitivo conforme a los cánones. No, la conversación se cocerá en la cocina —¡ten, si quieres ayudarme a pelar las patatas! Con un mondador en la mano, la gente se dice cosas más profundas y naturales. Nos comemos un rábano al pasar. Cuando nos invitan por sorpresa, pasamos a ser casi de la familia, casi de la casa. No hay limitación alguna a la hora de moverse. Tenemos acceso a todos los rincones, a las alacenas. ¿Dónde pones la mostaza? Flotan perfumes de escalonia y de perejil que parecen venir de otro tiempo, de un lejano clima de confraternidad —acaso el de las noches en que hacíamos los deberes en la mesa de la cocina.

La conversación va espaciándose. Ya no necesitamos todas esas palabras que fluyen sin parar. Lo mejor ahora son esas suaves playas entre las palabras. Sin cumplidos. Hojeamos un libro al azar en la biblioteca. Una voz dice «creo que está todo listo» y rechazaremos el aperitivo —«de verdad». Antes de cenar, nos sentaremos a conversar en torno a la mesa ya puesta, los pies apoyados en la barra un poco alta de la silla de mimbre. Nos sentimos a gusto cuando nos invitan por sorpresa, completamente libres, ligeros. Con el gato negro de la casa acurrucado entre las piernas, nos sentimos adoptados. La vida ha dejado de moverse: se ha dejado invitar por sorpresa.

# Leer en la playa

No es tan fácil leer en la playa. Tumbado boca arriba, es casi imposible. El sol deslumbra, hay que sostener el libro muy alto encima de la cara. Se aguanta unos minutos y luego uno se vuelve. De lado, apoyado en un codo, con la mano pegada a la sien, sosteniendo el libro con la otra mano y pasando las páginas, resulta también bastante incómodo. Se termina boca abajo, con los dos brazos doblados hacia delante. A ras de suelo, corre siempre un poco de viento. Los cristalillos micáceos se cuelan en las tapas. En el papel grisáceo y liviano de los libros de bolsillo, los granos de arena se amontonan, pierden su brillo, acaba uno olvidándolos –suponen apenas un peso adicional que apartamos con la mano como si tal cosa al cabo de unas páginas. Pero en el papel pesado, granuloso y blanco de las ediciones originales, se cuela la arena. Se desparrama por las asperezas cremosas, y brilla aquí y allá. Es una puntuación suplementaria, otro espacio abierto.

Tiene también su importancia el tema del libro. El jugar con el contraste nos depara gratas satisfacciones. Leer un pasaje del *Diario* de Léautaud donde éste vilipendia precisamente los cuerpos hacinados en las playas de Bretaña. Leer *A la sombra de las muchachas en flor*, y enlazar con un mundo de balneario, entre canotiers, sombrillas y saludos destilados a la antigua usanza. Sumergirse bajo el sol en las lluviosas tribulaciones de Oliver Twist. Cabalgar a lo D'Artagnan en la grávida inmovilidad de julio.

Pero también es grato recrearse con «la nota de color»: estirar hasta el infinito *El desierto* de Le Clézio en nuestro propio desierto; y entonces, en las páginas, la arena desparramada cobra secretos de tuareg, lentas y azuladas sombras.

Al cabo de leer durante tanto tiempo con los brazos estirados hacia delante, la barbilla se hunde, la boca bebe la playa, y entonces se incorpora uno con los brazos cruzados contra el pecho, utilizando a intervalos una sola mano para volver las páginas y marcarlas. Es una postura adolescente, ¿por qué? Transporta la lectura hacia una amplitud un tanto melancólica. Todas esas sucesivas posturas, ensayos, fatigas, irregulares placeres, eso es la lectura en la playa. Tiene uno la sensación de leer con el cuerpo.

## Los *lúkums* en las tiendas de los árabes

A veces alguien nos regala lúkums en una caja de madera blanca pirograbada. Es el lúkum del regreso de un viaje o, más aséptico aún, el lúkum-regalo-del-último-momento. Es curioso, pero nunca nos apetece ese tipo de lúkums. La amplia hoja transparente y satinada que delimita las capas y les impide pegarse parece impedirnos asimismo disfrutar con ese lúkum entre dos dedos –lúkum de después del café que aprehendemos aprensivamente con la punta del diente, sacudiendo con la otra mano el azúcar en polvo que nos ha caído en el jersey.

No, el lúkum deseable es el lúkum de la calle. Lo vemos en el escaparate: una pirámide modesta pero que suena a auténtica, entre las cajas de jena y las pastitas tunecinas color verde almendra, rosa caramelo, amarillo dorado. La tienda es estrecha y está abarrotada hasta el techo. Entramos en ella con timidez condescendiente, una sonrisa demasiado cortés para ser sincera, desestabilizados por ese universo en el que los papeles no están repartidos convincentemente. El muchacho de pelo crespo ¿es el dependiente o un amigo del hijo del dueño? Hace unos años, disponíamos siempre de un bereber con un gorrito azul y nos lanzábamos a pedir confiados. Pero ahora, hay que aventurarse a ciegas, a costa de que le tomen a uno por lo que es: un zafio goloso y desamparado. No sabremos si el joven es o no el dependiente, pero en cualquier caso vende, y la larga incertidumbre nos deja aún más incómodos. ¿Seis lúkums? ¿De rosa? Todos de rosa, si usted quiere. Ante esa cortesía prodigada con un desenfado nos tememos que ligeramente zumbón, crece el desconcierto. Pero el «dependiente» ha metido ya nuestros lúkums de rosa en una bolsa de papel. Miramos fascinados la cala del tesoro, repleta de garbanzos y botellas de Sidi Brahim, donde incluso el color rojo de las botellas de Coca-Cola ha cobrado un aire cabileño. Pagamos sin triunfalismos, nos marchamos casi como ladrones, con la bolsa en la mano. Pero en la calle, unos metros más allá, recibimos de repente nuestra recompensa. El lúkum del árabe es para degustarlo así, en la calle, de tapadillo, en medio del frescor de la noche. Mala suerte si se nos llenan las mangas de azúcar.

# Los domingos por la noche

¡Los domingos por la noche! No se pone la mesa ni se hace una auténtica cena. Cada cual va desfilando por la cocina para picar al azar un tentempié que aún viste galas de domingo –buenísimo el pollo frío embutido en un bocadillo con mostaza, buenísimo el vasito de burdeos bebido sobre la marcha, para acabarse la botella. Los amigos se han ido a eso de las seis. Queda un largo margen. Nos preparamos un baño. Un auténtico baño de domingo por la noche, con mucha espuma azul, mucho tiempo para quedarse allí flotando entre dos atisbos algodonosos, brumosos. El espejo del cuarto de baño se empaña, y se reblandecen los pensamientos. Eso sí, olvidarse de la semana que concluye, y más aún de la que va a empezar. Caer en la fascinación de esas diminutas ondas que se forman en las puntas de los dedos arrugados por el agua caliente. Y cuando se vacía la bañera, extraerse de allí. ¿Coger un libro? Sí, más tarde. De momento, un programa de televisión para ir tirando. El más estúpido nos irá de perlas. ¡Ah, mirar por mirar, sin causa, sin deseo, sin pretexto alguno! Algo parecido al agua del baño: un embotamiento que amodorra y nos llena de un bienestar palpable. Esa sensación de que ya nos sentiremos a gusto hasta la noche, como un estar en zapatillas mental. Entonces es cuando asoma el punto de melancolía. Poco a poco el televisor se nos hace insoportable y lo apagamos. Nos trasplantamos fuera de allí, a veces hasta la infancia, nos invaden vagos recuerdos de paseos a pasos medidos, sobre un fondo de inquietudes escolares y amores quiméricos. Nos sentimos inundados. Es tan intensa como una lluvia de verano esa pequeña nostalgia que se insinúa, ese medio estar que vuelve, familiar —son los domingos por la noche. Todos los domingos por la noche están ahí, en esa falsa burbuja donde todo flota en lo vago. En el agua del baño emergen las fotos.

# La cinta mecánica de la estación de metro Montparnasse

¿Tiempo perdido? ¿Tiempo ganado? En cualquier caso, es un largo paréntesis esa acera que desfila, infinitamente rectilínea, silenciosa. Al comienzo, se produce casi una confesión: no puede imponerse un pasillo tan largo, un tránsito tan colosal. Los esclavos del estrés urbano tienen derecho a un respiro. Siempre, eso sí, que puedan permanecer en la corriente y convertir en aceleración objetiva ese nebuloso alivio que se les brinda en su itinerario del combatiente.

Es inmensa la cinta mecánica de la estación Montparnasse. Nos internamos en ella con la misma aprensión que nos inspiran las escaleras mecánicas de los grandes almacenes. Pero en este caso, no hay escalones desplegados cual mandíbulas de cocodrilo. Todo es pura horizontalidad. De pronto, nos asalta el mismo tipo de vértigo que cuando bajamos una escalera a oscuras y creemos que hay un último escalón cuando no lo hay. Una vez embarcados en esas aguas vivas, todo se tambalea. ¿Es el deslizarse de la cinta lo que nos obliga a adoptar cierta rigidez, o simplemente compensamos con una reacción de amor propio ese súbito abandonarse, ese dejarse llevar? Vemos, sí, delante de nosotros a algunos incondicionales de la precipitación que multiplican la velocidad de la cinta dando largas zancadas. Pero preferimos mantenernos ojo avizor, cogidos de la barandilla negra.

En sentido inverso se deslizan hacia nosotros siluetas hieráticas, y a uno y otro lado se intercambia la misma mirada falsamente ausente. Extraña manera de cruzarse, próximos e inaccesibles, en esa fuga acelerada disfrazada de indolencia. Destinos aprehendidos un segundo, rostros casi abstractos, planeando sobre un fondo de espacio gris. Más allá, el pasillo reservado a los caminantes impenitentes, los que desdeñan las facilidades de la cinta mecánica. Andan rapidísimos, en su afán de demostrar la inanidad de las facilidades de la cinta mecánica. Los ignoramos: su deseo de infundir mala conciencia resulta un tanto zafio y ridículo. Hay que limitarse al hechizo acaparador de la cinta mecánica. Esa huidiza inmovilidad le convierte a uno en un personaje de Magritte, en un envoltorio de banalidad humana que se cruza con dobles evanescentes en una cinta infinitamente plana.

# El cine

El cine no acaba de ser una salida. Apenas estamos con los demás. Lo que importa es esa especie de flotamiento algodonoso que sentimos al entrar en la sala. No ha empezado la película; una luz de acuario tamiza las conversaciones a media voz. Caminando por la moqueta, nos dirigimos con falso aplomo hacia una fila de butacas vacía. No puede decirse que nos sentemos, ni siquiera que nos arrellanemos en el asiento. Es preciso domesticar ese volumen abombado, entre compacto y mullido. Poco a poco nos enroscamos imprimiendo a nuestro cuerpo pequeñas y deliciosas convulsiones. Al propio tiempo, el paralelismo, la orientación hacia la pantalla entreveran la adhesión colectiva con el placer egoísta.

Pero el intercambio se interrumpe ahí, o casi. ¿Qué nos llegará de ese gigantón de aspecto desenfadado que sigue leyendo el periódico, tres filas más adelante? Tal vez unas risas, cuando nosotros no nos riamos —o lo que es peor: algunos silencios cuando sí se nos escape la risa. En el cine, no nos damos a conocer. Salimos para escondernos, acurrucarnos, enterrarnos. Estamos en el fondo de la piscina, y en ese profundo azul cualquier cosa puede llegarnos de ese falso escenario sin profundidad, anulado por la pantalla. Ni un olor, ni una corriente de aire en esa sala volcada en una espera plana, abstracta, en ese volumen concebido para deificar una superficie.

Sobreviene la oscuridad, el altar se ilumina. Vamos a flotar, peces del aire, pájaros del agua. El cuerpo va a aletargarse, y nos tornamos campiña inglesa, avenida de Nueva York o lluvia de Brest. Somos la vida, la muerte, el amor, la guerra, sumergidos en el embudo de un haz de luz donde revolotea el polvo. Cuando aparece la palabra fin, permanecemos postrados, como con disnea. Luego se enciende la insoportable luz. Entonces hay que desplegar el cuerpo entumecido, y sacudirse hacia la salida en plan sonámbulo. Sobre todo no dejar caer de inmediato las palabras que destrozarán, juzgarán, puntualizarán. En la vertiginosa moqueta, aguardar pacientemente a que el gigantón del periódico pase delante. Cual patosos cosmonautas, conservar durante unos segundos ese extraño torpor.

# El jersey de otoño

Siempre es más tarde de lo que uno imaginaba. Ha pasado tan deprisa septiembre, con todos los agobios de la vuelta al trabajo. Al ver caer las primeras lluvias, nos decíamos: «Ya está aquí el otoño»; aceptábamos que todo no fuera ya más que un paréntesis antes del invierno. Pero en nuestro fuero interno, sin acabar de reconocerlo, nos esperábamos algo. Octubre. Las auténticas noches de helada, de día el cielo azul sobre las primeras hojas amarillas. Octubre, ese vino tibio, esa suave molicie de la luz, cuando el sol sólo es agradable a las cuatro; la tarde, en la que todo cobra la suavidad oblonga de las peras que han caído de la espaldera.

Entonces hace falta un jersey nuevo. Vestir los colores de las castañas, los sotobosques, el rojo rosado de las rúsulas. Reflejar la estación en la suavidad de la lana. Pero un jersey nuevo: elegir el fuego nuevo que va a empezar a apagarse.

¿Con tonos verdes? Un verde de Irlanda, color guisante, brumoso, whisky rugoso, salvaje y solitario como los campos de turba, la hierba rala. Pero ¿y rojizo? Hay tantos tonos rojizos, cabelleras ofelianas, deseo de merendar como antaño, pan con mantequilla-pan de especias, bosques sobre todo, rojo de la tierra, rojo del cielo, inaprensibles olores de ferias y arboledas, de boletos y de agua. ¿Y por qué no color seda cruda? Un jersey de trama gruesa, a rombos, como si alguien tuviera aún tiempo de hacer punto para uno.

Un jersey muy grande: el cuerpo desaparecerá, seremos la estación. Un jersey holgado de hombros, de momento... Incluso es bueno para uno mismo ese modo de representar el final de las cosas con el tono de la estación. Elegir el sosiego de las melancolías. Comprar el color de los días, un jersey nuevo de otoño.

# Enterarse de una noticia en el coche

«France Inter, son las cinco de la tarde, hora de las informaciones, presentadas por...» Una breve sintonía y: «Acaba de llegar la noticia a los teletipos: ha muerto Jacques Brel».

En ese lugar, la autopista desciende rápidamente por un valle carente de especial encanto, en una zona situada entre la salida de Évreux y la de Mantes. Hemos pasado por allí mil veces, sin más cuidado que adelantar a un camión o empezar a preocuparnos por el dinero del peaje. De súbito el paisaje queda recortado, paralizada su imagen. Todo transcurre en una fracción de segundo. Sabemos que la foto está tomada. Esa subida de tres carriles totalmente anónima y gris que asciende hacia el valle del Sena cobra un carácter, una singularidad que no sospechábamos. Puede incluso que el camión Antar rojo y blanco del carril de la derecha permanezca en la imagen. Es como si descubriésemos la realidad de un lugar que no nos apetecía conocer, que asociábamos tan sólo con cierto hastío, con una leve fatiga, una taciturna abstracción del paisaje.

Teníamos de Jacques Brel montones de imágenes, recuerdos de adolescencia ligados a canciones, ese estallido físico de la ovación cuando cantaba *Amsterdam* en el Olympia en 1964. Pero todo eso desaparecerá. El tiempo pasará. Oiremos al principio muchas canciones de Brel, muchos homenajes. Luego irán espaciándose, hasta quedar en casi nada. Pero, cada vez, resurgirá el valle de la autopista en el momento de la noticia. Es absurdo o mágico, pero superior a nosotros. La vida genera su película, y el parabrisas puede convertirse en una pantalla, la radio en una cámara. Nos dan vueltas en la cabeza algunos fragmentos de esa película. Pero eso también lo hace el viaje, la falsa familiaridad de los paisajes borrados el uno por el otro que un día cristaliza. La muerte de Jacques Brel es una autopista de tres carriles, con un voluminoso camión Antar en la fila de la derecha.

# El jardín inmóvil

Caminamos por un jardín, un verano, en algún punto de Aquitania. Estamos en ese momento muerto del mes de agosto, al comienzo de la tarde. No corre un soplo de aire. Hasta la luz parece dormir en los tomates: apenas un punto rutilante en cada fruto rojo. El último chaparrón los ha salpicado con un poco de tierra. Resulta grata la idea de pasarles un poco de agua fresca y saborear su carne aún tibia. A esa hora eterna, limitarse a saborear el paciente declinar de los colores. Hay tomates de un verde pálido, un poco más oscuro en el corazón del receptáculo, y otros de una tonalidad casi anaranjada donde duerme un toque de ácido. Éstos no parecen arquear la rama. Sólo los tomates maduros inclinan su sensualidad.

Hay un escabel arrimado al ciruelo injertado. Han caído varios frutos en el pequeño sendero que corre en torno al huerto. De lejos, las ciruelas parecen malvas, pero al acercarnos a ellas descubrimos toda una lucha entre el azul oscuro y el rosa, y algunos granos de azúcar adheridos a la piel frágil: los frutos caídos se han abierto y lloran una carne de albaricoque oscurecida por la tierra mojada. En el árbol, las ciruelas aún no en sazón ostentan motas rojizas sobre un fondo verde ocre: la belleza de sus mayores las tienta y las aterra.

Nos gustaría no movernos de la sombra. Pero el sol llueve en las ramas con implacable dulzura. Él tiñe de rubio todo el huerto: el de las lechugas perezosas, pero también el de las acelgas desplomadas contra el suelo. Sólo las hojas de las zanahorias aguantan con su rutilante verdor, como si su esbeltez las preservara de un lánguido abandono. Al fondo, contra el seto, se ha hecho tarde para las frambuesas: lejos del terciopelo rubígranate, se ha iniciado ya el proceso de desecamiento pardo, de escoria apergaminada. Al otro lado, a lo largo del pequeño muro de piedra, corre el peral en espaldera, con esa simétrica distribución de los brazos feminizados por la oblonga piel mate del fruto moteado de arena rojiza. Pero el frescor más acidulado, más mitigante, asciende del pie de la viña moscatel que se despliega al lado mismo. Los racimos oscilan entre el oro pálido y cl verde acuoso, entre lo opaco y lo traslúcido; los unos se atracan de luz, en tanto que los otros, más reservados, mantienen una pátina de vaho-polvo. Pero algunos granos se tiñen ya de morado, desluciendo la seducción adolescente de los racimos verdes que devoran el sol de agosto.

Hace calor, pero el ciruelo, el albaricoquero, el cerezo dan sombra donde duerme también la mesa de ping-pong arrumbada –han caído unas ciruelas rojas en la pintura esmeralda desconchada. Hace calor, pero en lo más profundo de agosto duerme en el jardín la idea del agua. En torno a un largo tallo de bambú descansa la manguera de desvaídos colores. La curva irregularidad de sus meandros, la vetustez de sus empalmes envueltos en cinta aislante y cordel tienen un sello familiar, relajante; el agua que salga de ahí no puede tener violencia calcárea, frescor mecánico. De ahí correrá al anochecer un agua pacífica, prudente, justo lo necesario.

Pero ahora es el momento del sol, de la inmovilidad sobre todos los tonos amarillos, verdes, rosas –es el momento de recoger la fruta y descansar.

## Mojarse las alpargatas

Apenas está mojado el camino. De entrada, no se advierte nada. El paso sigue siendo ligero, cuerda contra tierra, con ese crujir del suelo bajo los pies que constituye el principal placer de andar con alpargatas. Con alpargatas tenemos el punto justo de civilización para tutear al globo, sin la reacia y recelosa aprensión del pie descalzo, sin la excesiva seguridad del pie demasiado bien calzado. Las alpargatas son el verano, el mundo es blando y cálido, a veces pegajoso con el alquitrán derretido. Pero en el camino de tierra arenosa, al poco de caer un chaparrón, es delicioso. Huele a... panochas de maíz, a tallos de saúco, a las hojas caídas de los chopos —esas perezosas hojillas de verano que prefieren dormir al pie del árbol. Eso en lo que atañe a los olores dorados. Por encima, un perfume más bien verde oscuro asciende de las orillas del agua, con un toque de menta flotando sobre el insulso limo.

Por supuesto, encima mismo de los chopos, el cielo se cierra en el horizonte tiñéndose de gris malva, con ese repliegue de las nubes satisfechas que renuncian a llover. El paisaje, los olores, la elasticidad de la marcha: las sensaciones mezcladas permanecen en equilibrio. Pero, paulatinamente, se impone lo de abajo: el pie, el paso, el suelo parecen polarizar el sentido del paseo. Cuando pensamos que se nos han mojado las alpargatas, ya es tarde. La progresión es implacable. La cosa empieza por la franja de la tela: una aureola indecisa que va a extenderse, a revelar la aspereza del tejido. Parece que nos hemos puesto suelas de viento, un lino tan fino que recorta el borde del pie. Apenas cruzamos dos charcos, ese velo aéreo cobra la rugosa consistencia de un saco de patatas. La sensación de humedad poco importaría si no se le mezclase de inmediato una insoportable impresión de pesadez. La hipócrita suela rinde las armas, tras fingir resistencia: de ella viene todo el mal, y su cuerda anudada no tarda en regodearse en un empapamiento compacto, una acuosa perversidad, nada respira. El revestimiento de goma da pura pena: ¿qué sentido tiene proteger con un viso de comodidad moderna el desastre irremediable? Una alpargata es una alpargata. Empapada pesa cada vez más, y el olor del limo se impone sobre el de los chopos. El cielo ya no amenaza, pero nos hemos mojado tontamente, el verano se envisca, la arena se pega. Y además ya lo sabemos: las alpargatas nunca se secan del todo. Lo mismo en el antepecho de una ventana que en un armario de zapatos, se comban, el nudo de cuerda se ensancha convirtiéndose en una borra deshilachada, la tela se apelmaza, la aureola no se va.

Apenas aparecen los primeros síntomas del mal, el diagnóstico es consternador: no cabe remisión, ni esperanza. Mojarse las alpargatas es conocer el amargo placer de un naufragio completo.

# Las bolas de cristal

Siempre es invierno en el agua de las bolas de cristal. Cogemos una entre las manos. La nieve flota a cámara lenta en un torbellino nacido del suelo, al principio opaco, evanescente; luego van espaciándose los copos, y el cielo azul turquesa recobra su fijeza melancólica. Los últimos pájaros de papel permanecen en suspenso antes de caer. Una pereza algodonosa los invita a regresar al suelo. Posamos la bola. Algo ha cambiado. En la aparente inmovilidad del entorno, oímos ahora como una llamada. Todas las bolas son iguales. Lo mismo da que sea un fondo marino con algas y peces, la torre Eiffel, Manhattan, un loro, un paisaje de montaña o un recuerdo de Saint-Michel: la nieve baila y, muy despacito, deja de bailar, se dispersa, se apaga. Antes del baile de invierno no había nada. Después... en el Empire State Building ha quedado un copo, recuerdo impalpable que no borra el agua de los días. Aquí cubren el suelo los pétalos livianos de la memoria.

Las bolas de cristal tienen memoria. Sueñan silenciosamente la tormenta, la ventisca que puede que vuelva, o que no vuelva. Se quedarán con frecuencia en el estante; olvidaremos ese placer que podemos hacer nevar en el hueco de nuestras manos, ese extraño poder de despertar el largo sueño del vidrio.

Dentro, el aire es agua. Al principio no le concedemos importancia. Pero si nos fijamos bien, veremos una diminuta burbuja aprisionada arriba del todo. La mirada cambia. Ya no vemos la torre Eiffel en un cielo azul de abril, ni la fragata que surca una mar quieta. Todo cobra una densa claridad; al otro lado del vidrio, flotan corrientes en lo alto de las torres. Reinos de las altas soledades, meandros graves, imperceptibles movimientos en el fluido silencio. El fondo está pintado de azul lechoso hasta el techo, el cielo, la superficie. Un azul de una dulzura ficticia que no existe, cuya placidez acaba inquietando, al igual que se presienten las trampas del destino al comienzo de una tarde abrumada de siesta y ausencia. Cogemos el mundo en nuestras manos, la bola no tarda en ponerse casi caliente. Una avalancha de copos borra de sopetón esa angustia latente de las corrientes. Nieva en el fondo de uno mismo, en un invierno inaccesible donde lo liviano se impone a lo pesado. La nieve es suave en el fondo del agua.

# El periódico del desayuno

Es un lujo paradójico. Comulgar con el mundo en la paz más perfecta, envueltos en el aroma del café. En el periódico, se leen sobre todo horrores, guerras, accidentes. Oír las mismas informaciones en la radio sería ya precipitarse en el estrés de las frases martilleadas a puñetazos. Con el periódico se produce exactamente lo contrario. Lo desplegamos como podemos en la mesa, entre el tostador de pan y la mantequillera. Registramos vagamente en nuestro cerebro la violencia del siglo, pero ésta tiene un aroma de confitura de grosella, chocolate y pan tostado. El periódico ya es relajante de por sí. No descubrimos en él el día, ni la realidad: leemos *Libération, Le Figaro, Ouest-France* o *La Dépêche du Midi*. Bajo la perennidad de la cabecera, las catástrofes del presente se tornan relativas. Sólo están ahí para salpimentar la serenidad del rito. La amplitud de las páginas, el tamaño del tazón de café permiten tan sólo una lectura sosegada. Pasamos las páginas con precaución, con lentitud reveladora: más que absorber el contenido, lo que cuenta es disfrutar al máximo con el continente.

En las películas, los periódicos suelen aparecer simbolizados por el frenesí de las rotativas, los chillidos de los vendedores en la calle. Pero el periódico que descubrimos por la mañana en el buzón no tiene la misma efervescencia. Nos cuenta las noticias de ayer: ese falso presente parece surgir de una noche de sueño. Y las columnas sensatas cobran más relevancia que lo sensacional. Leemos la sección del tiempo, y todo aparece formulado con una abstracción muy suave: en vez de avizorar en el exterior los indicios evidentes del día, los disolvemos, desde el interior, en la amargura azucarada del café. La página de los deportes, sobre todo, es inmutable y tranquilizadora: las derrotas aparecen siempre acompañadas de esperanzas de desquite, las posibilidades se renuevan antes de que se consuman las tristezas... En el periódico del desayuno no pasa nada, y por eso nos volcamos en él. Con su compañía prolongamos el sabor del café caliente y del pan tostado. Leemos que el mundo se asemeja a sí mismo, y que al día no le urge empezar.

# Una novela de Agatha Christie

¿Existen realmente tantos ambientes en las novelas de Agatha Christie? Puede que nos los inventemos —sencillamente porque pensamos: es una novela de Agatha Christie. Por ejemplo, ¿dónde está la lluvia cayendo sobre el césped al otro lado de las *bow-windows*, el *chintz* con rameados color verde pato de las dobles cortinas, los sillones de mullidas curvas que se despliegan hasta el suelo? ¿Dónde esas escenas de caza rojo fucsia que se redondean en el servicio de té, esas azuladas rigideces de los ceniceros de wedgwood?

Tan pronto Hércules Poirot pone en funcionamiento su materia gris y se atusa las guías del mostacho, vemos el color naranja claro del té, o nos llega el perfume malva y anodino de la anciana Mistress Atkins.

Hay asesinatos y, sin embargo, reina una tranquilidad absoluta. Los paraguas se escurren en el recibidor, una criada de tez lechosa se aleja por el parquet claro bruñido con cera de abeja. Nadie toca ya el viejo piano vertical, y no obstante da la impresión de que en los portarretratos, en los objetos japoneses de porcelana, se tejen las fáciles emociones de un agridulce romance. Sabemos perfectamente que más que la violencia del asesinato, lo fundamental es la intriga, el descubrimiento del culpable. Pero ¿para qué rivalizar con la materia gris de Poirot, con la maestría de Agatha? Siempre os sorprenderá en la última página, está en su derecho.

De modo que, en ese espacio familiar ubicado entre el crimen y el culpable, nos construimos un universo placentero. Esos cottages ingleses resultan ser clavados a una posada española: les incorporamos rumores metálicos de la estación Victoria, tedios de balneario con profusión de sombrillas a lo largo de la estacada de Brighton, y hasta los lúgubres pasillos de David Copperfield.

Partidos de croquet eternamente condenados a la lluvia. Hace buena tarde. Junto a la ventana entreabierta, los jugadores de bridge languidecen con las últimas fragancias de las rosas de otoño. Luego vendrán cacerías de zorro sobre fondo de zarzas rojizas y bayas de saúco.

De todo esto, por supuesto, la novelista no

dice una palabra. Guiados por una mano férrea, actuamos como ante todas las autoridades abusivas: de tapadillo y casi fraudulentamente, saboreamos todo lo que no hay que ver ni respirar, todo lo que no habría que probar. Nosotros nos lo guisamos, y lo encontramos delicioso.

## El bibliobús

Está bien el bibliobús. Pasa una vez al mes, y sienta sus reales en la plaza de Correos. Sabemos los días del año en que viene. Aparecen escritos en una tarjetita oscura que os introducen en uno de los libros prestados. El 17 de diciembre, entre 4 y 6 de la tarde, sabemos que el gran camión blanco con las siglas de la Diputación acudirá fiel a la cita. Resulta reconfortante ese dominio sobre el tiempo. Nada malo puede ocurrirnos, puesto que sabemos ya que dentro de un mes el salón de lectura ambulante volverá a plantar una manchita de luz en la plaza. Sí, es mejor aún en invierno, cuando están desiertas las calles del pueblo. Entonces el bibliobús pasa a ser el único foco de animación. Bueno, tampoco es que se congregue una multitud, como en el mercado. Pero distintas figuras familiares convergen hacia la incómoda escalerita que permite acceder al camión. Sabemos que dentro de seis meses nos encontraremos allí a Michèle y a Jacques («Qué, ¿llega o no llega esa jubilación?»), a Armelle y a Océane («Oye, le va que ni pintado el nombre a tu hija, ¡tiene los ojos de un azul!»), a otros que conocemos menos pero a quienes saludamos con una sonrisa cómplice: compartir tan sólo ese rito es todo un compadrazgo.

La puerta del camión es extraña. Hay que deslizarse entre dos paredes transparentes de plástico rígido que protegen el interior de las corrientes de aire. Una vez entreabierta y cruzado ese espacio, nos encontramos de inmediato la moqueta, el silencio mullido, el deambuleo aplicado. La chica y la empleada ya mayor a quienes devolvemos los libros demuestran, por su modo de saludarnos, que nos conocen, pero su amabilidad no llega a ser jovial. Debe reinar una discreta reserva. Incluso si algunos días la exigüidad obliga a desplegar tesoros de ingenio deambulatorio para no resbalar hacia la promiscuidad, cada cual es libre en su silencio, en su elección. Los estantes son de lo más variado. Puede uno pedir hasta doce libros, y lo ideal es decidirse por un surtido heterogéneo. ¿Por qué no ese librito de poemas de Jean-Michel Maulpoix, por ejemplo? «El día se demora bajo un cúmulo de hojas y flores de tilo.» Esa frase basta para que ya nos apetezca. El enorme álbum de Christopher Funch *La acuarela en el siglo XIX* pesará un poco, pero contiene beldades pelirrojas prerrafaelitas, amaneceres de Turner, y además, ¡qué privilegio arrogarse con total impunidad esos tres voluminosos kilos de lujo mate! Una revista de fotos con niños de Boubat, una cassette de las cantatas de Bach, un álbum sobre el Tour de Francia: podemos arramblar con todas esas heteróclitas maravillas, ya colmados, decirnos que vamos a elegir otras tantas, al albur de los estantes. Los críos no paran de acuclillarse ante los tebeos, las novelas ilustradas, de maravillarse a veces: «¡Ha dicho la señora que puedo llevarme uno más!».

Una vez calmada la sed, la elección es más lenta. En el angosto espacio sube un olor a lana tibia, a gabardina mojada. Pero sobre todo del suelo sube una sensación especial: una suerte de ínfimo cabeceo, de balanceo. Habíamos olvidado el equilibrio de los neumáticos, los fundamentos móviles de ese templo familiar. Ese mareo al calor de los libros encarna la provincia en pleno invierno. Próximo paso del bibliobús: jueves 15 de enero, de 10 a 12, plaza de la Iglesia, de 4 a 6, plaza de Correos.

# Frufrús bajo los aleros

En el escaparate, todo un despliegue de chambras floridas, sujetadores en balconcillo, bragas sucintas de tonos frescos, guisantes de olor malvas y azules; en algunas fotos las lánguidas modelos lucen conjuntos más demoníacos. ¿Desmienten con su abierta sonrisa las modelos que os miran enfrente, sin aparente malicia, las alusiones diabólicas de esa sedosa ropa interior? Seguramente se trata, por el contrario, del colmo de la perversidad. Entramos allí con una excusa de las más humildes, de las más honestas:

—¿Podrás pasarte por la tienda de Madame Rosières y comprarme unos automáticos?

¡Madame Rosières! Sí, la dueña de ese excitante mostrador de ambigüedades oficiales ostenta un apellido de marchita gazmoñería. En cuanto a las panoplias luciferinas, cuesta creer que pueda venderlas una Madame Rosières, en algún lugar a la sombra de los aleros.

Afuera hacía bochorno, un calor de tormenta cuya pesadez os había seguido hasta el quiosco principal, e incluso hasta la lujosa farmacia vecina. Pero en la tienda de Madame Rosières se está bien, todo es de color crema —el color de todos esos minúsculos cajones que se apilan hasta el fondo. La tienda es un largo pasillo; al fondo se yergue el mostrador. En el hueco que queda detrás están sentadas dos viejecitas, una vestida de rasete estampado, con un sombrero de paja encintado en las rodillas, la otra con una bata azul, muy a lo colegiala de antaño. La del rasete está de paso y de conversación; la colegiala es Madame Rosières. Ésta se levanta, se acerca con obsequiosa solicitud —aunque al punto comprendemos que no le molesta interrumpir la acaparadora cháchara de su compañera. Muy momentáneamente. Pese a nuesta presencia, la del rasete seguirá dejando caer, sin hallar eco pero con obstinación, frases regulares:

«¡A mí, hija mía, se me han ido las ganas de bordar!».

«Tendrás que volver a darme algodón de bordar.»

«La feria de aves de corral es el martes que viene, ¿no?»

«¡Qué calor, pero qué calor!»

Al fondo de la tienda, el frufrú da paso a los cañamazos: cierva acorralada, gitana indolente, cantante empalagoso, paisaje bretón. Pero el tesoro de la casa se despliega en torno al mostrador. Primero, colocados por orden creciente de tamaño en unos cartoncitos blancos, botones de todas las formas. Esmaltes utilitarios, camafeos prácticos, estas joyas del refinamiento común sólo tienen sentido por yuxtaposición con sus semejantes. Sería un sacrilegio comprar los verde pálido y privarlos de los verde ciruela, los verde esmeralda y los rosa coral. La misma irisación complementaria preside el ordenamiento de los carretes de hilo, en el expositor mural que despliega una paleta de ínfimas escalas. Respecto a los algodones de bordar, el arte del matiz es más secreto. Madame Rosières los extrae de los cajones donde ondulan por afinidades de tono, y enarbola un puñado de serpientes oscuras, anudadas en los dos extremos por un aro de papel negro.

Cruza por nuestra mente un pensamiento descabellado. Madame Rosières, la colegiala de paciencia remendona, la santa patrona de los bordados para dulces miradas de ojos gachos, la protectora de la ropa de calidad que se aprovecha hasta el final cambiando los botones, ¿recurre también para su propia elegancia a la lencería de los guisantes de olor? Más bien le hubiéramos adjudicado las rígidas fajas color carne amontonadas en un puesto no lejos de su tienda, los días de mercadillo, la agradable comodidad de las bragas de algodón basto que se amontonan junto a los vestidos rústicos.

Y sin embargo... Probablemente Madame Rosières ha mantenido toda la vida la tradición de la lencería fina, porque ha adoptado a su manera algunos intentos, algunas coqueterías, algunas audacias. Claro que, a su edad... Pero tal vez estribe en eso el secreto de esa atmósfera tan excepcional y fresca que flota a la sombra de los aleros. La chambra florida que pudiera llevar Madame Rosières no tendría como finalidad dar rienda suelta a una brutalidad de macho, o la autosatisfacción de una joven en su espejo. No, sería una chambra perfecta, una ascética chambra elegida por la rotundidad de su color, de su textura. Por eso posee el templo crema esa frescura bautismal. Por eso, no obstante la modestia de su delantal azul, Madame Rosières sigue imperceptiblemente nimbada con un aura singular: es la virgen del frufrú.

# Sumergirse en los caleidoscopios

Nos sumergimos en esa cámara japonesa de espejos; descubrimos los tabiques secretos; saboreamos la luz aprisionada en el asfixiante cilindro de cartón. Teatro de sombras del misterio, bastidores desnudos del juego de la luz, paredes de hielo oscuro. Ahí es donde se gesta el milagro, en la equívoca crueldad de las imágenes multiplicadas. En los dos extremos del cilindro no hay gran cosa: a un lado el pequeño ocular ingenuamente evidente del mirón; al otro, entre dos círculos opacos, los cristales de colores, vidrio pintado con un tono vivo, atenuado por la neblina de la distancia y el barrunto de polvo. Abajo el espectáculo es de lo más pedestre, arriba la mirada es fría. Pero algo se está gestando entre los dos; en lo oculto, lo oscuro, lo cerrado, en ese tubo tan liso revestido de una delgada capa de papel glaseado, tan anónimo, frecuentemente de mal gusto, con arabescos entrelazados.

Miramos. En el interior las joyas color azul pato, malva antiguo, naranja oscuro, se fraccionan en una acuosa fluidez. Palacios de los hielos del Oriente, harén de las banquisas, cristal de nieve del sultán. Viaje único, que cada vez vuelve a empezar. Viaje de turquesa al borde de las pedrerías del norte, viaje de granada al perfumado mar de los golfos calientes. Surgen países inventados, países sin nombre que no aparecen en ningún mapa. Giramos apenas el cilindro y nos trasladamos a otro lugar más lejano; detrás de nosotros, el país caliente y frío se disloca ya, con un doloroso ruidito de algo que se quiebra.

Poco importa lo que abandonamos. Algunos cristales de vidrio pintado reaparecen e inventan el país nuevo. Esperamos una imagen, y casi es la que aparece, pero nunca acaba de serlo del todo. En esa pequeña diferencia radica la fascinación de ese viaje y su vértigo, a veces casi su desesperación: jamás poseeremos el país de los cristales movedizos. Ese mosaico de cielo no volverá: con su verde angelical y su rojo de terciopelo de teatro, tiene la solemnidad geométrica de los jardines del Louvre, la oprimente intimidad de una casa china. Techo, pared o suelo, es sin duda una imagen de la tierra, pero que flota en la pesadez de un espacio desmenuzado. Hay que quedarse allí, abismarse durante largo tiempo si posamos el cilindro, bastaría el gesto más suave para convulsionar el continente; un soplo se convierte en un ciclón y el palacio se esfuma.

En una cámara oscura el misterio refulge. Todo se pierde y todo se confunde, todo es ligero, todo es frágil. No poseemos nada. Apenas, sin movernos, unos segundos de belleza, una paciencia redonda, sin deseo. Se filtra un poco de cuerda felicidad; la retenemos entre el dedo pulgar y el dedo medio de las dos manos. Apenas hay que tocar.

# Llamar desde una cabina

Al principio sólo es una sucesión de pejigueras materiales siempre un poco cargantes: la pesada puerta hipócrita con la que nunca sabemos si tenemos que empujar-estirar o estirar-empujar; la tarjeta magnética, que es preciso localizar entre las tarjetas de metro y el carnet de conducir —¿quedarán suficientes pasos? Luego, sin despegar la mirada de la pequeña pantalla, obedecer las consignas: descuelgue..., espere... En ese espacio cerrado, demasiado angosto y ya empañado, estamos encogidos, crispados, incómodos. El tecleo de los números en los pulsadores metálicos desencadena frías y agridulces sonoridades. Nos sentimos cautivos en el paralelepípedo rectángulo; más que aislados, prisioneros. Al propio tiempo, sabemos que todo responde a un rito iniciático: son necesarios esos gestos de obediencia al rígido mecanismo para acceder al calor más íntimo, más desamparado —la voz humana. Además, los sonidos progresan insensiblemente hacia ese milagro: al eco glacial del tecleo sucede una especie de canción umbilical modulada que nos conduce a puerto —por fin, las señales más graves, entre palpitaciones, y su interrupción como una liberación.

Sólo en ese preciso momento alzamos la cabeza. Las primeras palabras afloran con exquisita trivialidad, falso despego —«sí, soy yo, sí, ha ido todo bien, estoy al lado mismo del café, ya sabes, el de la plaza Saint-Sulpice».

Lo importante no es lo que decimos, sino lo que oímos. Es increíble hasta qué punto la voz sola puede decirnos cosas de una persona querida —de su tristeza, su fatiga, su fragilidad, su vitalidad, su alegría. Sin los gestos, desaparece el pudor, sobreviene la transparencia. Por encima del listín telefónico estúpidamente gris, despierta entonces otra transparencia. De repente vemos enfrente la acera, el quiosco de periódicos, los chiquillos patinando. Esa súbita captación de cuanto transcurre allende el vidrio resulta dulce y mágica: es como si el paisaje naciese con la voz lejana. Aflora una sonrisa a los labios. La cabina se torna ligera, y ya sólo es de cristal. La voz tan próxima y tan lejana nos dice que París ya no es un exilio, que las palomas arrancan el vuelo en los bancos, que el acero ha perdido.

# La bicicleta

Hay bicicletas y bicicletas. Una silueta malva fluorescente lanzada cuesta abajo a setenta por hora: corre en bicicleta. Dos colegialas que cruzan juntas un puente de Brujas: van en bicicleta. La diferencia entre una y otra cosa puede reducirse. Michel Audiard con bombachos y calcetines largos se detiene a tomarse un blanco seco en la barra de un bar: corre en bicicleta. Un adolescente con tejanos se apea de su bici, con un libro en la mano, y se toma una menta con agua en una terraza: va en bicicleta. Se es de uno u otro bando. Pero media una frontera. Por más que las pesadas bicicletas de carretera muevan convulsivamente su manillar curvo, con ellas se va. Por más que las de media carrera luzcan bruñidos guardabarros, con ellas se corre. Mejor no fingir y aceptar la propia estirpe. O lleva uno en el fondo de sí mismo la perfección negra de una bicicleta holandesa, con un pañuelo flotando en el hombro, o sueña con una bicicleta de carreras tan liviana que la cadena se desliza con el leve zumbido del vuelo de una abeja. En el primer caso, somos peatones en potencia, pateadores de callejas, aficionados a leer el periódico en un banco. En el segundo, no nos detenemos: ceñidos hasta las rodillas en un conjunto neoespacial, caminaríamos como patos, pero no caminamos.

¿Es cuestión de velocidad? Tal vez. Y sin embargo, hay tipos que le pegan al piñón corto con brillo y eficacia, y aun así, van en bicicleta. En cambio hay tranquilos abueletes que corren en bicicleta. ¿Pesadez contra ligereza, en definitiva? Hay más cosas. Ansia de volar, por una parte, marcada familiaridad con el suelo, por otra. Y además... Oposición en todo. Los colores. Para correr en bici, el naranja metalizado, el verde manzana granny; para ir en bici, el marrón apagado, el blanco roto, el rojo mate. También materias y formas. A una manera de montar en bici le va la holgura, la lana, la pana, las faldas escocesas. A la otra, lo ceñido con todo tipo de tejidos sintéticos.

Lo de ir o correr en bicicleta es de nacimiento, casi una cuestión política. Pero los que corren en bicicleta deberán renunciar a esta parte de sí mismos si quieren amar —pues sólo se enamoran los que van en bicicleta.

# La petanca de los neófitos

—Bueno, ¿qué haces? ¿Tiras o apuntas?

Eso, dicho imitando mal el acento marsellés, forma parte del ritual. Nos sentimos un tanto patosos con las bolas en la mano. Por más que hagamos esa parodia para infundirnos ánimo, por más que nos prometamos el pastís o a la misma Fanny, que remedemos al Raimu furibundo o al Fernandel guasón, nos consta que hemos de resignarnos a un escalón secundario, porque nos falta estilo. No, renunciemos al relajado acuclillarse del primer apuntador, cuando separa las rodillas y medita el recorrido adecuado al tiempo que sacude la bola en el hueco de la mano. Renunciemos a ese silencio que precede al acto supremo del tirador-verdugo; y en la exasperación de su espera, hay como un riesgo provocador, meticulosamente consumado. Además, no jugamos a la petanca sino a las *bolas*: para lograr una entrada sorpresa, un carro portentoso,

¡cuántos blandos acercamientos a un metro del boliche, cuántos tiros kamikazes que dan en una bola a la que no apuntábamos!

Tanto da. Nos queda ese ruido de fiesta, ese ruido estival de las bolas cuando chocan entre sí. Nos vuelven a la memoria las frases, los gestos.

—¿Tú lo ves?

Entonces nos acercamos, señalamos con la punta del pie al «pequeño», oculto entre dos piedras blancas. Poco a poco van espaciándose las frases, y nos atrevemos a concentrarnos más. En vez de aguardar junto al círculo a que nos toque jugar, nos colocamos en el centro de la acción, junto a las bolas ya jugadas.

—¿Ha entrado?

Cogemos una cuerda. Todo el mundo se acerca. Medimos, y es difícil no mover ninguna bola, ante la mirada recelosa de los adversarios.

—Sí, aguanta aún. ¡Hombre, tampoco es que esté a varios kilómetros!

Regresamos a jugar la última a pasitos falsamente indolentes. No cometeremos la chulería de arrodillarnos, pero esa bola la jugamos lenta, contenida, casi ceremoniosamente. Durante el final de su carrera, nos acercamos, haciendo un pequeño gesto negativo con la cabeza en el que se trasluce una ligera falsa modestia. No ha entrado muy bien, pero está en juego, no hemos fallado.

Al comenzar el partido recogíamos las bolas de los demás, alguna que otra vez. Pero ahora, estamos atrapados por el juego. Recogemos sólo las nuestras.